ÉLOGE

HISTORIQUE

DE

LOUIS-JOSEPH-STANISLAS LEFÉRON,

PREMIER COMMANDANT

DE LA GARDE NATIONALE

DE COMPIEGNE.

Par M. CHABANON, l'aîné, de l'Académie Françoise, de celle des Inscriptions, &c.

1791.

ÉPITRE DÉDICATOIRE.

A Messieurs les Officiers Municipaux de la Ville de Compiegne.

MESSIEURS,

AU moment où une mort prématurée vous enleva le jeune LEFÉRON ; témoin de vos regrets, de votre douleur, j'osai folliciter l'honneur d'en être publiquement l'interprete : j'aurois dû prévoir que plufieurs de vos Concitoyens m'envieroient cette fonction honorable, & qu'à plus d'un titre, ils méritoient mieux que moi de la remplir ; ce que je devois prcffentir eft arrivé. L'éloge de LEFÉRON compofé par divers orateurs, a retenti dans vos temples & dans le lieu de vos affemblées patriotiques. Venu le dernier, je trouve le fujet épuifé, & je me ferois abftenu de le traiter, fi vos bontés me l'euffent permis. Vous avez bien voulu me nommer Citoyen de votre ville, & m'en expédier les Patentes ; cet honneur que j'ai brigué, fut pour moi la récompenfe anticipée du travail que vous défiriez me voir entreprendre. Honoré du bienfait, ai-je pu négliger de vous en payer le feul prix qui foit en ma puiffance ? Non, Meffieurs ; j'ai rempli la tâche que vous m'impofiez, moins occupé de l'honneur qui pourroit m'en revenir, que de la reconnoiffance que j'avois à vous témoigner ; j'ai écrit, au rifque de répéter ce qu'on a dit avant moi, & mieux que je ne puis le dire.

Au refte, l'éloge d'un Citoyen zélé, doit être néceffairement celui de la Liberté & de la Conftitution qu'il a défendues : aggrandi par un tel acceffoire, le fujet devient en quelque forte illimité ; il eft fi vafte du moins, que l'on peut long-temps y rencontrer des richeffes nouvelles : fi j'ai manqué de les faifir, fi ce difcours ne vous préfente qu'une froide répétition de ce que vous avez entendu ailleurs, pour excufer cette ftérile indigence, dites-vous, Meffieurs, qu'il eft des vérités dont on ne fauroit trop fatiguer l'oreille des mécréans, & tourmenter leur confcience endurcie. Si ce Difcours eft patriotique, il n'eft pas tout-à-fait indigne de vous.

Je fuis avec refpect, & avec un fraternel attachement,

Messieurs,

Votre très - humble ferviteur
& Concitoyen,
CHABANON, l'aîné.

ÉLOGE

HISTORIQUE

DE

Louis-Joseph-Stanislas LE FERON,

COMMANDANT

de la Garde Nationale de Compiegne.

Un voyageur interrogé fur l'état de grandeur & de profpérité d'un pays qu'il venoit de parcourir, crut en donner une idée affez belle en difant: *J'y ai vu louer publiquement la vertu, j'y ai vu le Citoyen utile publiquement honoré.* En effet, rendre à la vertu des hommages publics, c'eft confacrer fon culte, & propager fon empire : honorer publiquement le Citoyen utile, c'eft témoigner que dans l'état, tous font quelque chofe, & qu'il n'eft point de fervice diftingué, qui n'ait droit à une grande récompenfe. Un tel ufage, lié aux mœurs d'une Nation, & fait pour les perfectionner, eft un gage plus certain de fa profpérité, que ce fafte extérieur dont s'énorgueilliffent les puiffances. Le luxe eft la mifere du peuple, atteftée par la ridicule opulence de quelques favoris de la fortune : le luxe, dans un Etat obéré, fans loix &

A

fans mœurs, tel que la France étoit n'agueres,
ne peut fe comparer qu'à la riche enveloppe dont
on revêt en fon cercueil, un cadavre qui tombe
en pourriture.

L'ufage des honneurs publics rendus au fimple
citoyèn, date parmi nous du regne de la liberté :
auparavant, quiconque eut convié la Nation pour une
telle cérémonie, n'eut pas été entendu d'elle ; il l'eut
été d'un Gouvernement ombrageux, bleffé de voir
tranfmettre au mérité non décoré, des hommages
réfervés exclufivement au rang & à la puiffance.
Ce n'eft que dans un pays libre que les talens
font fûrs d'être honorés. En Angleterre, les premieres têtes du Royaume portent *Garrik* le Co-
médien au lieu de fa fépulture ; en France, la
veuve de Moliere put à peine obtenir d'un Monarque abfolu, qu'un génie fi beau fut fouftrait
aux affronts de la voirie. Le rapprochement de ces
deux faits, peu importans ce femble en eux-mêmes,
apprendroit feul à aimer la liberté, appelleroit à
fes nobles jouiffances, les cœurs abrutis par le
long ufage de la fervitude.

Les honneurs que Mirabeau a obtenus dans la
Capitale, LEFEBON les a reçus dans Compiegne,
fa patrie, & le théatre de fes vertus patriotiques.
C'eft-là, qu'il commandoit la Garde Nationale ; c'eft-
là qu'il déploya toute l'activité d'un courage ci-
vique, & la popularité d'une grande ame ; c'eft-là
qu'il prévint, étouffa des mouvémens de révolte
féditieufe, & fauva la vie à ceux qui jaloufoient

fa puiffance ; c'eft-là enfin, que l'envie, réduite au fupplice de la louange, murmure aujourd'hui à voix baffe, ces paroles : *Il manquera long-temps à cette ville* : oui fans doute, il lui manquera, & à la France entiere. Dans le régime des Cours, fous le regne de la faveur, nous aurions peine à dire quel chemin eut fait fon ambition, plutôt fiere & hardie que fouple & careffante ; mais dans l'ordre nouvellement établi, au milieu des franchifes de la liberté, il n'éft point de pofte éminent où LEFERON n'eut dû prétendre ; ils les eut tous obtenus, parce qu'il les eut tous mérités. Le vuide que fa perte occafionne, que l'exemple de fes vertus ferve à le remplir, qu'il produife des Citoyens qui lui reffemblent : quand j'écris fon éloge, je me regarde comme femant au loin les précieux germes de l'héroïfme, & des vertus civiques : croiffez, développez-vous, femences immortelles ! produifez des moiffons de Héros-citoyens, nés des exemples que LEFERON a donnés, & que ma plume fe charge de tranfmettre.

LOUIS-JOSEPH-STANISLAS LEFERON, naquit à Verfailles, l'an 1757, d'une famille noble, avantage qu'il oublia fans peine pour fatisfaire au Décret qui l'abolit, & au fentiment éternel de juftice & d'humanité d'où ce Décret eft émané. En effet, s'il eft bon que les hommes s'aiment & foient unis, pourquoi établir entre eux une diftinction, dangereufe pour les uns, aviliffante pour les autres ? Si l'orgueil eft un fentiment que la religion condamne, & que, fous aucun rapport, la morale ne peut juftifier; que penfer d'un préjugé, qui infufe l'orgueil dans le fang dont l'embrion fe forme, qui en impregne le lait dont l'enfant fe nourrit, qui en fait la première conception de fon intelligence, & en quelque forte, une idée innée en lui, contre laquelle fa raifon n'a plus la force de s'élever ? Et c'eft ce préjugé nuifible, que l'on voudroit qu'eut épargné notre légiflation ! à Dieu ne plaife qu'on put lui reprocher cette coupable foibleffe ! le projet de reconftituer le genre humain en famille, eft une des plus grandes & des plus belles idées que puiffe concevoir la raifon : pour la mettre en exécution, il faut commencer par détruire parmi les hommes, jufqu'au nom des caftes qui les divifent : il faut anéantir les prérogatives, qui, mettant un homme fi loin d'un autre, font du plus grand nombre, des enfans de la nature, déhérités par les ufurpations de l'orgueil.

L'amour de l'égalité, ce fentiment fi noble, LEFERON en eut l'inftinct naturel ; jamais il ne fe prévalut de fa nobleffe, & le Décret qui l'en dépouilla, ne fit que promulguer une loi déja reconnue & fanctionnée dans le fond de fon cœur.

Il fe préfente ici une obfervation que nous ne devons pas omettre. LEFERON fut dominé d'une grande ambition ; ce fut le moteur de fa vie toute entiere : l'ambition eft la foif de s'aggrandir, d'accumuler fur foi les diftinctions & les honneurs.

Quel eſt donc le ſentiment ſi puiſſant , qui obtient de l'ambitieux l'abnégation volontaire d'une
diſtinction telle que la nobleſſe ? Quel eſt ce ſentiment ? une humanité éclairée , qui fait trouver
plus de plaiſir à ſe rapprocher de ſes ſemblables ,
qu'à les dominer par ſa naiſſance : quel eſt ce
ſentiment ? la conſcience d'une grande ame , qui
remiſe au niveau de tous , ſe rend compte des
moyens qu'elle trouve en ſoi pour s'élever. Ar-
rachons à l'orgueil du noble , l'aveu que diſſimule
ſa réticence polie : ſa prétention miſe à nu , énon-
cée dans toute ſon inſultante franchiſe , eſt, d'a-
voir ſur un grand nombre d'hommes un droit de
mépris, bien avéré , bien reconnu : cependant,
tandis qu'il exerce au - deſſous de lui ce droit
d'humiliante ſupériorité, le noble d'une claſſe ſupé-
rieure le foule & l'humilie lui-même. O ! le plai-
ſant ſyſtême d'organiſation morale & politique ,
dont le vice de l'orgueil eſt le principe & le mo-
bile, où le mépris, de degrés en degrés, ſe tranſ-
met & s'échange , où la claſſe infime ſupporte
ſeule le fardeau de tous les mépris, où, vers le faîte
enfin, comme à la cime d'un cône allongé, un
petit nombre d'hommes jouit ſeul de l'abaiſſement
de tous ſes ſemblables. O ! ſainte egalité, détruis
cet edifice élevé par la folie, & conſacré par l'erreur : remets tous les hommes à ce niveau qui les
avertit de s'aimer. Il n'eſt qu'une ſupériorité avouée
par la juſtice & la raiſon ; c'eſt celle que donne
le mérite : elle eſt le prix du bien que procurent

à l'humanité les vertus & les talens : cette supériorité, LEFÉRON l'ambitionna, & il l'obtint.

C'eſt un déſir naturel de chercher à connoître l'enfance & la jeuneſſe de ceux qui ont illuſtré leur vie; ſoit qu'on ſe plaiſe à voir les premiers traits par leſquels la nature eſquiſſe ſes plus belles productions, ſoit qu'en voyant dans un état de foibleſſe, ce qui, depuis, s'eſt montré grand, on en conclue pour ſoi-même la poſſibilité de s'aggrandir; & cette poſſibilité préſumée conſole la médiocrité ambitieuſe.

L'enfance de LEFÉRON n'offrit rien de plus remarquable, qu'une vivacité impétueuſe, & un grand déſir de ſe diſtinguer. Tel qu'Alcibiade, il voulut primer ſes camarades juſques dans les jeux de l'enfance. Dans cet âge auſſi, communément peu ſenſible à la pitié, il en montra beaucoup pour l'indigence & le malheur. On ne peut le mettre au nombre de ces hommes, dont le premier âge a caché le reſte de leur deſtinée, & que la nature, pour ainſi dire, fit à deux repriſes, pour les montrer différens d'eux-mêmes à deux époques différentes. LEFERON parut d'abord l'ébauche de tout ce qu'un jour il devoit être.

Il n'avoit guere plus de vingt ans lorſque je commençai à le connoître. Je remarquai en lui une activité inquiete, qui ſembloit vouloir s'ouvrir en même temps tous les chemins de la célébrité. Je craignis qu'une telle ambition ne fut qu'une de ces efferveſcences de jeuneſſe, d'où jailliſſent quelques étincelles promptes à s'éteindre. Je craignis qu'un deſir exagéré des ſuccès d'un moment, ne promît pas à l'avenir des ſuccès ſolides & durables. Je ſollicitai la confiance de LEFÉRON, & voulus ſurprendre le ſecret de ſa paſſion ; j'y trouvai tous les çaracteres de la maturité , & , toute ardente qu'elle étoit, ſon ambition marchoit ſoumiſe au frein de ſa raiſon.

LEFÉRON, par inſtinct, avide de toute eſpece de gloire, avoit choiſi celle dont il ſe ſentoit le plus ſuſceptible, celle des armes ; & délicat ſur les moyens de la ſatisfaire, il étoit convenu avec lui-même de n'avoir point à rougir de ſon avancement.

Son pere vieilli au ſervice, avoit dans une ſeule affaire reçu quatorze coups de ſabre ſur la tête. Je vois encore ce reſpectable militaire ; le front partagé par une cicatrice profonde : ſes bleſſures lui cauſerent toute ſa vie d'importunes ſouffrances ; & ſon grade au ſervice, & la croix de S. Louis, pouvoient être regardés comme un prix inſuffiſant de tant de ſang verſé, de tant de ſouffrances habituelles. Quel ſpectacle pour un jeune homme qui ſe deſtine à la guerre, qu'un pere déchiré, cicatriſé, tourmenté par ſes bleſſures ! Quel correctif puiſſant pour une paſſion naiſſante ! Celle de LEFÉRON en tire une force plus grande ; ſon feu s'alimente de ce qui devroit l'éteindre. Il entre au régiment d'Auvergne, il s'y diſtingue par ſon exactitude à ſes devoirs. A ce ſervice des camps & des garniſons , ſuccede celui

de la cour, qui n'eſt que la fatigue d'une rému-
ante oiſiveté , l'inquiétude du déſœuvrement &
de l'ennui. C'eſt à cette vie que dut ſe réſigner
LEFÉRON, honoré d'une Lieutenance dans les
Gardes de M. Dartois ; & ſans doute, ſous les
livrées du courtiſan ; il méconnut en lui le ſoldat.
Jamais caractere ne s'aſſortit moins au titre de
courtiſan que celui de LEFÉRON. Son ame avait
autant de roideur, que la cour exige de ſoupleſſe ;
il avoit autant d'impétueuſe franchiſe, qu'il faut
à la cour de cette adroite diſſimulation, qui n'é-
chappe pas toujours au reproche de fauſſeté &
de menſonge. Cette diſconvenance parfaite entre
l'état de LEFÉRON & ſon caractere, me fut un
jour rendue bien ſenſible. Nous nous promenions
enſemble dans la galerie de Verſailles ; il vit paſ-
ſer l'un des favoris du prince qu'il ſervoit : il le
couvrit d'un regard de mépris, accompagné de
paroles injurieuſes que je pouvais ſeul entendre.
Etonné de cette bruſque ſortie, je lui en deman-
dai la raiſon : *Ce miſérable*, me répondit-il, *n'eſt
occupé qu'à pervertir les mœurs de mon prince.* Hé
quoi ! dira-t-on, les mœurs de LEFÉRON étoient
elles à tel point ſéveres.........Eh ! faut-il tant de
ſévérité pour s'indigner qu'un vieux courtiſan donne
à l'un des enfans du trône les premieres leçons
du vice, & qu'il ſoit doté de riches penſions pour
ſalaire de ſa coupable inſtruction ?

Le moment eſt venu où la place de LEFERON
peut le dédommager du ſervice ingrat qu'elle lui.
impoſe :

impoſe : Gibraltar eſt aſſiégé, M. d'Artois y vole, & LEFERON attaché à ſa perſonne, ſollicite l'honneur de le ſuivre ; cet honneur lui eſt refuſé, & le tort d'une illuſtre déſobéiſſance eſt le parti qu'embraſſe ſon courage.

Lié avec ſon Pere, avec ſa reſpectable Aïeule, je me trouvai à Compiegne dans ces circonſtances ; je fus témoin du trouble intérieur de cette famille à cette époque.

L'Aïeule de notre jeune Héros, âgée de quatre-vingts-ans, l'aimoit avec cette prédilection, ſi ordinaire aux viellards pour les derniers nés de leur ſang : car c'eſt une obſervation rarement démentie, que les tendreſſes du ſang n'ont jamais plus de force que lorſqu'elles ſe reportent, des derniers dégrés de la vie, vers ceux qui la commencent ; ſoit, que flattée de renaître dans de jeunes rejettons, les vieillards fondent ſur eux l'eſpoir d'une plus longue rééxiſtence, ſoit que dans le cercle de la vie, les deux termes extrêmes, viennent, comme d'eux-mêmes, ſe chercher & ſe rejoindre.

Le temps n'étoit plus, où Mme LEFERON, plus jeune, avoit envoyé ſon fils à l'armée, & comme une Spartiate, lui avoit recommandé de préférer l'honneur à la vie. Son ame affoiblie par l'âge, n'avoit plus la force de cet héroïque déſintéreſſement ; elle ſentoit pour ſon petit fils ces craintes de la tendreſſe, cette puſillanimité, qui, dans une mere octogénaire, pourroit s'appeller l'héroïſme du ſentiment.

B

Le jeune LEFÉRON fentoit fon ame brifée des chagrins que fon départ apprêtoit à fon aïeule ; mais la gloire parloit, & cette voix puiffante l'arrachoit aux féductions de la piété filiale : le pere réuniffoit en lui divers fentimens qui fe combattoient ; comme fils, il gémiffoit des douleurs de fa mere & craignoit que fon âge n'y fuccombât : comme pere, il fe fentoit flatté, énorgueilli de l'audace guerriere de fon fils, audace qu'il auroit eue lui-même : comme ancien militaire, il pefoit le tort d'une noble défobéiffance. J'ai été le témoin, le confident des mouvemens vraiment dramatiques qui agitoient cette famille ; j'applaudis à la réfolution qui les termina : on trompa la crédule confiance de Mme LEFERON ; le pere fut le départ & feignit de l'ignorer ; on céda à l'irréfiftible paffion du jeune héros, & l'on ménagea la tendreffe d'une mere trop foiblet, & rop âgée, pour ne pas fuccomber aux vertus de fon petit-fils.

Brave Lafaïette ! c'eft ainfi que preffé de l'inftinct des héros, tu te dérobas à ton pays, à ta famille, à tes amis, & fus en Amérique apprendre à connoître la liberté, qui, dès qu'elle a touché le fol de fa France, t'a reconnu pour un de fes plus dignes défenfeurs. Cette époque eft encore préfente à mon efprit ; je vois l'étonnement des fociétés de Paris, en apprenant ta fuite ; j'entens circuler de bouche en bouche cette nouvelle intéreffante, qu'on ne pouvoit fe laffer de répéter.

Qui donc, qui donc alors réclama contre ce noble
mouvement, qui te faifoit voler au fecours d'une
nation, prête à quitter une conftitution (eftimée
fage) pour une plus fage, & plus libre encore ?
Tous, tous unanimement, te proclameient un héros. Le fexe fur-tout, délicat appréciateur des hautes
qualités de l'ame, le fexe, fait pour récompenfer les
héros & pour en produire, s'éprit d'enthoufiafme
pour tes vertus, pour ta perfonne : & depuis......
O ! juges aveugles & prévenus ! Qu'a - t - il donc
fait, ce Lafaïette, qu'affurer à fon pays, l'inappré-
ciable avantage dont il a vu l'Amérique heureufe
& enorgueillie ? Qu'avons-nous fait nous-mêmes,
nous qui, comme l'Amérique, ne jouiffions pas
d'une Conftitution avantageufe, qu'avons - nous
fait que nous en donner une, qui, fuivant les
paroles de Tacite, concilie deux biens prefque
incompatibles, la monarchie & la liberté ? Et c'eft
cet acte d'une raifon faine & courageufe, qui
trouve parmi nous des détracteurs furieux ? O !
Lafaïette ! Ils pafferont ces cris d'une aveugle rage;
le regne de la vérité s'établira, & ton nom inef-
façable dans nos faftes, couvrira ton pays de la
gloire que tu t'es acquife, & brillera encore des
reflets de notre gloire, & de nos profpérités.

LEFERON, malgré la défenfe du prince, arrive
à Gibraltar, & il y arrive travefti, car il favoit
que fon fignalement étoit donné, ainfi que l'ordre de l'arrêter. Sa préfence dénonçoit un tort &
une vertu : on punit l'un, on récompenfa l'au-

tre : il fut mis vingt - quatre heures aux arrêts, punition qui satisfaisoit à la regle ; on l'envoya au milieu du danger, récompense digne de son courage.

Que serviroit de décrire les actes de bravoure par lesquels il se distingua ? Ils sont tous indiqués par le desir passionné qui l'avoit conduit à un siege si périlleux : abstenons - nous d'énoncer ce que l'imagination a mieux conçu que nous ne pouvons le décrire : mais ce qu'elle ne peut avoir prévu, c'est que dans les hazards de la guerre, où le mépris de la mort est communément la seule vertu qui se distingue, LEFÉRON en fit éclater une plus utile & plus belle encore. Il étoit monté sur l'une de ces batteries flottantes que foudroyoit sans relâche l'artillerie des assiégés : cette batterie s'embrase, & LEFERON entend autour de lui les cris des malheureux enfermés dans cette prison enflammée ; & pressés entre deux morts différentes, par le concours de deux élémens opposés. O ! sainte humanité ! nous louons, nous chérissons les mouvemens que tu inspires à ceux, qui, placés hors du danger, secourent leurs semblables : de quel nom appeller, de quel sentiment honorer, celui qui se jette dans le péril pour en arracher les autres ? C'est ce que fit LEFE-RON ; trois fois, du rivage où il étoit en sûreté, il retourne sur un frêle esquif, vers ses compagnons-d'armes, & s'expose à une mort presque assurée, dans l'espoir de les y soustraire. Ce dévoûment généreux rappelle celui de Léopold de Brunfwick, fe précipitant dans les eaux pour fauver des malheureux qui périffoient : ainfi , mues du même inftinct, les grandes ames fe reffemblent, & s'appartiennent l'une à l'autre. On offrit à LEFERON une penfion ; il ne crut pas que l'or fut le falaire des héros , il refufa.

Il n'eft que trop ordinaire parmi nous que le loifir du guerrier foit l'entiére ceffation de tous travaux, & le vuide dangereux de l'oifiveté : c'eft fous ce rapport principalement, que la profeffion des armes plaît à une jeuneffe vaine & légere ; envifagée comme une fcience, elle effraieroit leur légéreté, leur pareffe. LEFERON en conçut une idée différente, & pour lui les loifirs de la paix devoient préparer les fuccès de la guerre. Il obtient du Gouvernement communication de mémoires dépofés dans les bureaux, & muni de ces moyens d'inftruction, il va fur les lieux lever le plan des campagnes du Maréchal de Luxembourg, étudier fes marches , la pofition de fes camps, l'art de fes retraites, le fecret de fes victoires ; & par cette étude, il fe conftitue le difciple de cet habile Général. Ainfi le grand Condé campé en Catalogne fe rappella que Céfar y avoit remporté un avantage mémorable; il fe tranfporta fur les lieux, les Commentaires de Céfar à la main, *il fut reconnoître*, dit Boffuet, *les rivieres & les montagnes qui avoient fervi à ce grand deffein.* Ainfi l'expérience des uns fert d'inftruction aux autres ;

& la guerre, dépouillée d'une partie de son hor-
reur, devient une lutte savante, où l'habileté des
combinaisons décide l'avantage, & tend à épargner
le sang humain.

LEFERON, tel que nous l'avons dépeint, tel
qu'il étoit en effet, jetté à la Cour, entouré d'une
jeunesse vaine & dissipée, soumis à un Gouvernement qui vendoit à la médiocrité rampante les
graces que le mérite dédaigne de briguer, LE-
FFRON, dis-je, étoit un être déplacé : il lui man-
quoit, & le secours des circonstances, & l'avantage d'un théâtre où il put dignement représenter.
Cet avantage, ces secours inespérés, tout-à-coup
il les obtient, la France est devenue libre.

À ce nom de liberté, que d'idées se rassemblent !
que de sentimens se réveillent ! on diroit que l'a-
mour de la liberté occupe le centre de nos affections les plus belles, qu'elles y répondent, y
aboutissent ; & que de ce centre d'activité, partent
les mouvemens qui leur sont transmis, & l'ardeur
dont elle se sentent enflammées.

Mais quoi ! cette opinion ne seroit-elle en nous
qu'une de ces illusions du moment, dont la raison doit apprendre à se défier ? Pour en être plus
certains, séparons-nous des circonstances qui nous
environnent ; jugeons la liberté, non plus chez
nous-mêmes, dans le cadre étroit de notre situa-
tion ; mais dans ce lointain des lieux & des temps,
qui montre les biens & les maux sous leur point
de vue véritable.

Ce que dans tous les temps les hommes ont possédé avec enthousiasme, défendu avec fureur, perdu avec désespoir, ce que les siecles en se succédant se désignent l'un à l'autre comme le premier des biens, peut-il ne pas mériter cette dénomination glorieuse ? L'excellence de la liberté n'est guere plus contestée que celle de la vertu même; & ce qui les rapproche encore davantage, c'est que le vice est l'ennemi naturel de l'un & de l'autre. Que l'on cite un homme, un seul homme de bien, qui, placé entre la liberté, & le gouvernement absolu, ait senti pencher vers celui-ci la préférence de ses désirs ? S'il exista jamais l'auteur d'un choix si bisarre, l'estime & l'admiration du moins n'ont pas consacré sa mémoire; & tandis que la liberté conduit en triomphe après elle, des milliers de héros qu'elle immortalise, le despotisme dévoue ses partisans, ses lâches satellites, à une honteuse obscurité, ou à une célébrité pire que l'oubli.

J'ai vu des Militaires François colorer à leurs propres yeux du beau nom d'amour pour leur Roi, leur répugnance pour la liberté. Aveugles que vous êtes ! qui pensez qu'un Roi, pour être heureux, doit être tout-puissant. Lisez-donc l'Histoire de Marc Aurele, de ce Prince à qui l'on n'en compare aucun autre : il venoit au Sénat déposer l'excès de son autorité, courber majestueusement sous le joug de la Loi, cette tête la premiere du monde : il demandoit à la Loi de restreindre ses pouvoirs; & c'est en se faisant un Monarque moins puissant, qu'il s'eſt créé le plus grand de tous les hommes. Et vous plaignez la conditon de Louis XVI, lorſqu'on l'égale à celle du ſage Antonin ! Ah ! le regne de *Commode* n'apprit que trop à l'univers, que la prévoyance de ſon pere n'avoit point aſſez limité les prérogatives du Trône.

LE FÉRON ! j'ai interrompu ton éloge, mais ſi cette digreſſion ramenoit à la liberté, une ſeule des ames égarées loin d'elle, ce triomphe réjouiroit plus ton ombre, que le tribut des plus magnifiques louanges.

La régénération d'un grand empire s'opere difficilement ſans une forte commotion, ſans un ébranlement terrible. C'eſt ce coup de l'exploſion, c'eſt ce fracas de la ſubverſion qui jette les ames foibles dans l'étonnement & la ſtupeur. Raſſurez-vous, ames timides ! Ce bruit qui vous épouvante eſt un ſignal de renaiſſance, & non de deſtruction. Le cahos s'ébranle, ſes parties ſe disjoignent, & ſe heurtent avec fracas, l'ordre & la magnificence vont naître.

Les premiers jours de la liberté furent dans Compiegne preſque auſſi orageux que dans la Capitale. La préſence d'un Adminiſtrateur ſuſpect à la Nation * rendoit la diſette des grains plus inſupportable ; on l'accuſoit de l'augmenter par ſes malverſations : le peuple aſſemblé tumultuai-

------

* *L'Intendant de Paris.*

rement

rement ne parloit que de punir, de se venger: LEFÉRON se présente avec la seule autorité de son caractere : Magistrat créé par la nature, il exerce l'empire qu'il tient d'elle: il persuade, il contient la multitude ; il représente la nécessité d'une Garde Citoyenne, elle se forme, & on lui en défere le commandement: cette nomination n'est point l'effet d'un scrutin réfléchi, c'est celui d'une impulsion soudaine & universelle : le besoin l'a fait choisir, l'effroi du péril l'a fait nommer; ce sentiment ne permet pas d'être injuste.

Je dinois avec LEFÉRON à Compiegne dans ces jours de trouble ; le repas commençoit à peine ; on vint nous apprendre que le Subdélégué de l'Intendant de Paris, recherché par le peuple de Compiegne, avoit pris la fuite. Ces mots n'étoient pas prononcés, que LEFÉRON étoit loin de nous: à peine pouvions-nous soupçonner le motif qui l'entraînoit ; nous l'apprimes deux heures après, il avoit mis en sûreté la personne du Subdélégué, il en répondoit au peuple ; sur sa caution, ce citoyen fut relaché quelques jours après ; il remplit aujourd'hui à Paris des fonctions utiles & respectables.

Combien d'autres victimes dévouées à la mort LEFÉRON a sauvées ! il veilla, dit-on, des nuits entieres à la porte de citoyens menacés du meurtre & de l'incendie. Plusieurs ignorent encore qu'ils lui doivent la vie: il en est qui, dans ce temps même l'injurioient, le calomnioient ; LEFÉ-

RON en étoit inftruit ; il n'en avoit que plus de zele à les fervir ; on lui a entendu dire plus d'une fois , en parlant de fes ennemis : *Je leur ferai tant de bien, que je les forcerai de m'aimer.*

Rien ne fait mieux connoître un caractere , que ces mouvemens rapides qui échappent dans la circonftance, & fur lefquels la réflexion n'a pas le temps d'influer. C'eft le fecret de l'ame qui fe trahit, elle n'eft pas plus maitreffe de le retenir, que la pudeur, d'écarter du front la rougeur qui la décele. Un jour LEFÉRON haranguoit dans la place une foule féditieufe, & l'exhortoit à rentrer dans le devoir. L'un des féditieux éleve la voix, apoftrophe LEFÉRON, & l'accufe d'être un traître. LEFÉRON, loin de reffentir l'indignation d'une pareille injure, montre un vifage tranquille, tempere l'ardeur de fes paroles , fe revêt tout entier du calme de fon innocence : il tire froidement fon épée, la remet aux mains de l'accufateur, & lui dit : *Si je fuis un traître, voilà le fer dont tu dois me percer, & la place où je dois mourir.....* On ne lui permet pas d'en dire davantage ; la voix publique l'abfout, fon accufateur tremble devant lui, & court lui-même le rifque auquel il vient d'expofer un citoyen vertueux.

Au milieu des mémoires honorables à LEFÉRON, qui de toutes parts m'ont été communiqués, je me trouve entouré, comme affailli de fes talens & de fes vertus, & lorfque j'en célebre une, plufieurs autres m'appellent. Faut - il manifefter fon respect pour la Loi ? Il a favorisé le paiement de l'impôt, il a soumis la Garde Nationale à une discipline sévere, il a mis en vigueur la Loi martiale. Faut-il dans l'exécuteur sévere de la Loi, montrer l'homme sensible & compatissant ? Toutes les fois qu'il dénonça aux Tribunaux un coupable & le fit emprisonner , si la famille étoit pauvre , il la nourrissoit tant que duroit l'emprisonnement. Faut-il dans le militaire actif découvrir l'homme imbu des sages principes de l'Administration, & instruit dans l'art de faire le bien ? On lui doit l'établissement d'un bureau de charité & d'une filature , ressource contre l'indigence , préservatif contre l'oisiveté, moyen de richesse pour la province. Il l'a servie cette province, de son temps, de son crédit, de ses soins, de sa fortune. Il fut présumé riche par ceux qui calculoient ses revenus sur les dons qu'il répandoit. Il n'avoit qu'une honnête aisance ; mais administrée par sa libérale économie, sa fortune a produit le luxe , & la magnificence des bienfaits.

Un jour il apprend que deux cavaliers des troupes de ligne doivent se battre ; il les devance au lieu du rendez-vous, joue l'étonnement en les y voyant arriver , & suppose une invitation qui les appelloit à dîner chez lui : il les y mene & ménage entre eux une explication tranquille , un rapprochement amical ; c'est en les embrassant l'un & l'autre, qu'il leur avoua son innocent artifice.

O vous, ses concitoyens ! vous , pour qui j'é

cris cet éloge, si ma plume omet quelqu'un des traits qui doivent le louer, élevez - vous contre elle & contre moi : accusez le panégyriste infidele qui ne fait pas s'élever au niveau de votre estime & de vos affections ; vos réclamations feront plus pour sa gloire que mes louanges.

Il est temps d'achever, & la longueur de cet Éloge semble attester, plutôt une vie conduite au terme de la vieillesse, que moissonnée dans sa fleur, au moment des espérances les plus belles.

LEFÉRON se trouvoit dans la capitale, lorsque le roi en sortit le 21 juin dernier. Il pressentit le trouble que devoit occasionner dans Compiegne l'évasion imprévue du monarque. Il craint que les portes de la capitale ne se ferment ; il en sort à pied, gagne ainsi *le Bourget*, & se rend de là en poste à Compiegne, où sa présence fut encore une fois le signal de l'ordre & de la tranquillité.

A cette époque, divers postes de guerre, divers pays réclamoient sa présence. Il avoit été nommé *Adjudant-Général* en Corse ; au moment de s'y rendre, une détermination nouvelle le destina à garder nos frontieres menacées : il fut nommé Colonel d'un Régiment de Chasseurs. Le poste le plus périlleux était le plus cher à son courage ; mais son amour pour Compiegne sa patrie, l'y retient, tant qu'il peut y prévoir quelque insurrection dangereuse. Il eut voulu se multiplier pour se rendre plus utile ; & tandis qu'il semble étendre & aggrandir son existence, l'heure

fonne qni en marque le terme ; une maladie ai-
güe l'enleve en peu de jours, & ravit à la France
l'une de fes plus belles efpérances , l'un de fes
plus fermes foutiens. *

Lorfque la mort, au terme d'une vieilleffe avancée,
frappe un homme dont la carriere s'eft illuftrée,
dans la douleur de ce trifte évenement, l'œil fe
reporte avec affliction fur le lointain d'une vie écou-
lée, il en parcourt les plus belles époques, il recueille
en quelque forte , toutes les portions de gloire
difféminées dans cette vafte étendue ; le fouvenir
à la fois les embraffe, & les préfente à l'ame dé-
folée, comme les juftes objets de fa douleur. Une
confidération toutefois adoucit alors l'amertume
dont l'ame fe fent pénétrée : cet événement du-
quel on gémit, cette perte fi douloureufe, l'iné-
vitable loi des deftinées humaines ne permettoit
plus de les voir reculés. L'ame fe révolte moins
contre un malheur dont elle a préffenti l'époque
certaine, & l'indifpenfable néceffité. Un tel adou-
ciffement ne peut fervir à nos douleurs : la carriere de la vie s'ouvroit devant un jeune héros ;
les premiers pas qu'il y avoit faits, annonçoient
tout ce qu'on devoit attendre de lui ; notre efpé-
rance le devançoit dans le long avenir qui lui
reftoit à parcourir, elle y déployoit l'éclat de fes
riches couleurs ; tout-à-coup ce tableau difparoît ;
un voile obfcur tombe, couvre cette magnifique

---

* Il eft mort à Paris, le 2 août 1791.

perspective, & l'œil épouvanté n'apperçoit plus
qu'un tombeau; un tombeau, où s'anéantissent les
promesses du passé, les espérances de l'avenir, &
toutes nos joies anticipées.

Monument ou repose LEFERON ! éternel dépo-
sitaire de nos regrets ! transmets à l'ombre que
j'honore, & mes sentimens, & ceux de ses Concitoyens : dis-lui que sa vertu, que ses belles qualités ne trouvent plus de contradicteurs sur la terre:
transmets-lui une vérité plus chere encore; dis-lui
que nous ne cesserons jamais de respecter & de
& de défendre la liberté, la Constitution qu'il défen-
dit lui-même. Pour moi, foible Panégyriste d'un
héros, que d'autres ont loué mieux que moi ;
je le proclamerai dans la franchise d'une conscience
pure, cette Constitution contre laquelle tant d'ennemis s'élevent, est à mes yeux l'ouvrage de
la raison, de la justice & de l'humanité ; les
grands, les riches l'improuvent ; eh bien ! que
les chaumieres la benissent ; qu'elles soient les
temples où on l'honore : allons, allons dans ces
temples sacrés respecter, chérir l'humanité dans ces
êtres si long-temps dégradés, avilis & souffrans :
reconnoissons-les pour nos freres ; goutons avec
yvresse le charme de l'égalité, non en luttant de
force & d'orgueil contre les puissans, mais en
nous asseyant au niveau des humbles, en serrant
dans nos bras, ceux qui nagueres méconnoissoient
leur dignité, jusqu'au point de croire qu'ils eussent
manqué à la nôtre en nous aimant. Triomphe,

Conſtitution ſage & bienfaiſante ? donne-nous les mœurs & les lumieres dont nous avons beſoin pour t'apprécier, car c'eſt le vice & l'ignorance qui t'improuvent.

Et toi, Monarque-Citoyen ! que ce ſoit là ton premier titre de gloire ! Il t'éleve au-deſſus dès conquérans, autant que la vérité eſt au-deſſus de l'erreur, autant que le bonheur des hommes eſt préférable à leur ruine & à leur deſtruction. Prince aimé & fait pour l'être, garantis-toi des ſéductions du trône, & des écueils de la puiſ-ſance : ſi la haine était faite pour ton ame, je te dirois : *Hais les Courtiſans ; cette eſpece d'hommes qui ne flatte les Rois que pour les perdre, qui ne les appelle grands, que pour les faire vils & cou-pables.* Ils ont trompé Henri IV, ils lui ont rendu ſuſpect le plus grand homme de ſon ſie-cle, & le ſeul ami qu'il eût ſur la terre : cet exemple ſeroit déſeſpérant pour les rois, s'ils n'avoient pour conſeil une voix qui ne peut jamais les tromper, celle de la Nation qu'ils préſi-dent. Conſulte-la ſans ceſſe, monarque prudent ! J'oſe tomber à tes genoux pour t'en faire la demande ſuppliante. Montre-toi ſans ceſſe à ton peuple, à tes enfans ; ſi les acclamations naiſſent en ta préſence, heureux de la conſcience de tes vertus, dis-toi : *Je ſuis bon, je ſuis grand, je ſuis aimé.* Si devant toi l'on ſe tait, ou l'on murmure, frémis ; les ennemis de ta gloire t'ont égaré.

www.ingramcontent.com/pod-product-compliance
Lightning Source LLC
Chambersburg PA
CBHW051408060726